California
De **pueblos** a **ciudades**

T0136921

Marilyn Iturri

Asesores

Kristina Jovin, M.A.T.
Distrito Escolar Unificado Alvord
Maestra del Año

Bijan Kazerooni, M.A.
Departamento de Historia
Chapman University

Créditos de publicación

Rachelle Cracchiolo, M.S.Ed., *Editora comercial*
Conni Medina, M.A.Ed., *Redactora jefa*
Emily R. Smith, M.A.Ed., *Realizadora de la serie*
June Kikuchi, *Directora de contenido*
Caroline Gasca, M.S.Ed., *Editora superior*
Marc Pioch, M.A.Ed., y Susan Daddis, M.A.Ed., *Editores*
Sam Morales, M.A., *Editor asociado*
Courtney Roberson, *Diseñadora gráfica superior*
Jill Malcolm, *Diseñadora gráfica básica*

Créditos de imágenes: portada y pág.1 Anne T. Kent California Room, Marin County Free Library; págs.4–5 GraphicaArtis/Getty Images; pág.5 (superior) dominio público, derivado de Gringer, basado en United States Geological Survey; págs.6, 22, 25 (superior) Granger, NYC; pág.7 Sarin Images/Granger, NYC; págs.8–9 Culture Club/Getty Images; págs.10–11 The Protected Art Archive/Alamy Stock Photo; pág.11 (superior) Evans/Three Lions/Getty Images; págs.14–15 lpsumpix/Corbis a través de Getty Images; pág.15 (superior) Stefano Bianchetti/Corbis a través de Getty Images; pág.17 (superior) California Digital Newspaper Collection, (inferior) View of Sacramento City as it appeared during the great inundation [of 1850, California], Robert B. Honeyman, Jr. Collection of Early Californian and Western American Pictorial Material [gráfico], BANC PIC 1963.002:0253--A. cortesía de The Bancroft Library, University of California, Berkeley; págs.18, 29 (centro) cortesía de California History Room, California State Library, Sacramento, California; págs.20–21 Library of Congress [LC-DIG-ppmsca-17962]; pág.21 Collection of the New-York Historical Society, USA/Bridgeman Images; pág.23 Ivy Close Images/Alamy Stock Photo; pág.25 (inferior) Transcendental Graphics/Getty Images; pág.27 Planet Observer/UIG/Getty Images; págs.28–29 ClassicStock/Alamy Stock Photo; pág.29 (superior) Agua Caliente Cultural Museum; pág.29 (inferior) Library of Congress [LC-DIG-pga-04015]; pág.31 California Digital Newspaper Collection; pág.32 Collection of the New-York Historical Society, USA/Bridgeman Images; todas las demás imágenes cortesía de iStock y/o Shutterstock.

Todas las compañías y los productos mencionados en este libro son marcas registradas de sus respectivos dueños o desarrolladores, y se usan en este libro con fines estrictamente editoriales; el autor y el editor comercial no reclaman ningún derecho comercial sobre su uso.

Library of Congress Cataloging-in-Publication Data
Names: Iturri, Marylin, author.
Title: California : de pueblos a ciudades / Marilyn Iturri.
Other titles: California. Spanish
Description: Huntington Beach : Teacher Created Materials, 2020. | Audience: Grade 4 to 6. | Summary: "When California became a state, people saw it as a land of wealth and opportunity. By the turn of the century, people were moving to the state by the thousands. Settlers thrived. It seemed like there was something for everyone in California"-- Provided by publisher.
Identifiers: LCCN 2019016059 (print) | LCCN 2019980833 (ebook) | ISBN 9780743912808 (paperback) | ISBN 9780743912815 (ebook)
Subjects: LCSH: Cities and towns--California--History--Juvenile literature. | California--History--Juvenile literature.
Classification: LCC F861.3 .I8818 2020 (print) | LCC F861.3 (ebook) | DDC 979.4--dc23
LC record available at https://lccn.loc.gov/2019016059
LC ebook record available at https://lccn.loc.gov/2019980833

Teacher Created Materials

5301 Oceanus Drive
Huntington Beach, CA 92649-1030
www.tcmpub.com
ISBN 978-0-7439-1280-8

© 2020 Teacher Created Materials, Inc.
Printed in China
Nordica.102019.CA21901929

Contenido

Venir a California 4

Una ciudad en la bahía .10

Nacida del oro. 14

En busca de Fresno 18

Ciudad de ángeles. 22

Una geografía dorada .26

¡Descríbelo!. 28

Glosario. 30

Índice. 31

¡Tu turno! 32

Venir a California

El siglo XIX fue un período de crecimiento enorme para California. Muchos habían oído relatos sobre ríos llenos de oro. **Multitudes** de personas fueron al Oeste con la esperanza de hacerse ricas rápidamente. En 1856, apenas siete años después de su inicio, la fiebre del oro había terminado. Pero las personas que habían venido a buscar oro quisieron quedarse. Encontraron trabajo y comenzaron una nueva vida.

California siguió creciendo. Las personas que buscaban trabajo **migraron** a lugares nuevos. Se formaron ciudades donde se reunieron los grupos más grandes. La ubicación de las ciudades tenía que ver con la **geografía** de cada región. Las características naturales de un lugar determinaban qué tipo de trabajo harían las personas. Los que vivían en la costa construyeron **puertos** y barcos. En cambio, los que vivían en el **interior** construyeron ferrocarriles, y se dedicaron a la agricultura y a la minería de piedras preciosas. Todos contribuían al crecimiento del estado. Esos primeros colonos hicieron que California se convirtiera en el poderoso estado que es hoy en día.

Exceso de población

Hoy, casi 39 millones de personas viven en California. ¡Más que en cualquier otro estado! La mayoría de las personas viven en tres regiones. Una región es el área de la bahía de San Francisco y Oakland. La segunda es el sur de California. La tercera es el Valle Central. Una de las ciudades principales del Valle Central es la capital del estado: Sacramento.

Geografía

El Cinturón de Fuego

Fosa de las Kuriles
Fosa de las Aleutianas
Mte. Shasta
Mte. Lassen
Fosa de Japón
Fosa de Izu-Ogasawara
Fosa Ryukyu
Fosa de Puerto Rico
Fosa de Filipinas
Fosa de las Marianas
Islas Hawaianas
Fosa Mesoamericana
Abismo Challenger
Ecuador
Fosa de Nueva Bretaña
Fosa de Perú-Chile
Fosa de Tonga
Fosa de Kermadec

El Cinturón de Fuego

California se encuentra en el Cinturón de Fuego del Pacífico. El Cinturón de Fuego es una zona con volcanes activos y terremotos. La falla de San Andrés se extiende a lo largo de todo del estado. Las placas de esta falla han causado algunos de los terremotos más fuertes que ocurrieron en el estado. El monte Shasta y el monte Lassen son dos volcanes activos de la región.

Geografía

Una caravana de carretas empieza el largo viaje al Oeste.

Las razones de la inmigración

El crecimiento de California se debió, en gran parte, a los **inmigrantes**. La mayoría de ellos provenían de Irlanda, Alemania y China. Los tiempos difíciles en sus países hicieron que estos grupos pusieran sus esperanzas en Estados Unidos.

En Irlanda, durante tres años se perdió la cosecha de papas, lo que provocó la Gran **Hambruna**. Murieron cerca de un millón de personas. Y casi dos millones abandonaron el país. La mayoría de ellos llegaron a Estados Unidos, pobres y hambrientos.

Alemania venía sufriendo años de **agitación social**. Las **condiciones** de vida allí eran cada vez peores. Muchos alemanes no tenían empleo. En consecuencia, casi un millón de alemanes abandonaron el país.

También era difícil conseguir empleo en China. La fiebre del oro era la oportunidad que los chinos estaban esperando para ganar dinero. Cientos de miles de chinos cruzaron en barco el océano Pacífico para buscar trabajo.

Todos los inmigrantes dejaron su hogar por razones particulares. Pero todos llegaron a California por la misma razón: la oportunidad de una vida mejor.

Los mineros chinos vivían en sus propios campamentos durante la fiebre del oro.

Irlandeses en la ciudad

En 1845, los agricultores de Irlanda vieron que sus cultivos se pudrían en los campos. Lo mismo ocurrió los dos años siguientes. La población de Irlanda estaba en condiciones terribles. Para muchos, solamente había dos opciones: quedarse y morir de hambre, o irse y esperar tener más suerte en otro lugar. En 1880, una de cada tres personas que vivían en San Francisco era irlandesa.

Durante la Gran Hambruna de Irlanda, las familias de agricultores no tenían dinero suficiente para cubrir sus necesidades básicas. En esta imagen, hacen fila para recibir ropa gratis.

Factores de atracción y expulsión

Hay dos razones por las que las personas migran: los factores de atracción y los factores de expulsión. Un factor de expulsión es un tipo de problema. El problema está en el país de origen, y hace que la persona se vaya. Un factor de atracción es un beneficio. Se ve algo positivo en otro lugar y se escoge ir allí. California tenía factores de atracción importantes, como el oro, un suelo rico y un clima cálido: todo eso atraía a la gente.

Geografía

Al llegar a California, muchas personas se mudaron a las ciudades. Uno de los primeros lugares donde los inmigrantes empezaron su nueva vida fue San Francisco. Llegaban en barcos y desembarcaban en el puerto. Y allí se establecían. Vivían y trabajaban con otras personas de su país de origen. Mantenían sus **costumbres** culturales y religiosas. Esas comunidades recibieron nuevos nombres. Empezaron a conocerse como *barrios chinos, barrios alemanes* y *barrios irlandeses*.

La noticia de la fiebre del oro se esparció rápidamente. Entonces, más gente empacó sus pertenencias y se fue al Oeste. Muchos mineros se establecieron en Sacramento. Luego, la ciudad se convirtió en la capital del estado. Cuando pasó a ser una parada del ferrocarril transcontinental, la ciudad creció todavía más rápido.

Fresno tenía un suelo muy rico, **ideal** para el cultivo. Quienes eran agricultores en sus países de origen se establecieron allí. El esfuerzo que pusieron en el trabajo en poco tiempo convirtió el Valle Central en el centro **agrícola** del estado.

Los Ángeles fue un pueblo pequeño hasta el final del siglo. Allí se mudaban grupos pequeños para aprovechar el clima cálido y las tierras de cultivo. Luego, se descubrió petróleo en la región. Después de eso, grandes cantidades de personas llegaron a la ciudad. Ahora es la ciudad más grande del estado.

Great China Herb Co.

Durante siglos, los chinos han usado hierbas para prevenir y tratar las enfermedades. En 1922, una familia abrió una tienda llamada Great China Herb Company en el barrio chino. La tienda todavía sigue abierta. Sus propietarios guardan allí cientos de hierbas para ayudar a sus clientes. Estas hierbas medicinales se almacenan en los armarios originales, detrás del mostrador.

Había mucho movimiento en el barrio chino de San Francisco en el año 1900.

Una ciudad en la bahía

San Francisco era un pueblo pequeño en sus primeros años. En 1848, la ciudad tenía solamente 800 habitantes. Pero, con el descubrimiento de oro, la población se disparó. Decenas de miles de personas llegaron a su puerto. El puerto desempeñó un papel clave en el crecimiento de la ciudad. Los artículos y los suministros también entraban por allí. El mundo entraba al estado a través del puerto.

A medida que llegaban más personas, más crecía la ciudad. La gente traía ideas sobre cómo mejorar la ciudad. Una de esas ideas provino de un hombre llamado Andrew Hallidie. Hallidie observó las colinas empinadas de San Francisco. Debido a esas colinas, resultaba difícil ir de una parte de la ciudad a otra. Entonces, en 1873, Hallidie inventó el tranvía. Con el tranvía, era más fácil viajar por la ciudad. Gracias a avances como este, San Francisco en poco tiempo se convirtió en una ciudad enorme.

El Golden Gate

La bahía de San Francisco se conecta con el océano Pacífico a través de un estrecho. John C. Frémont llamó al estrecho Golden Gate (o "puerta dorada") en 1846. Frémont imaginaba barcos llenos de riquezas que llegaban a la ciudad por el estrecho. El famoso puente que lleva el mismo nombre se inauguró en 1937.

Geografía

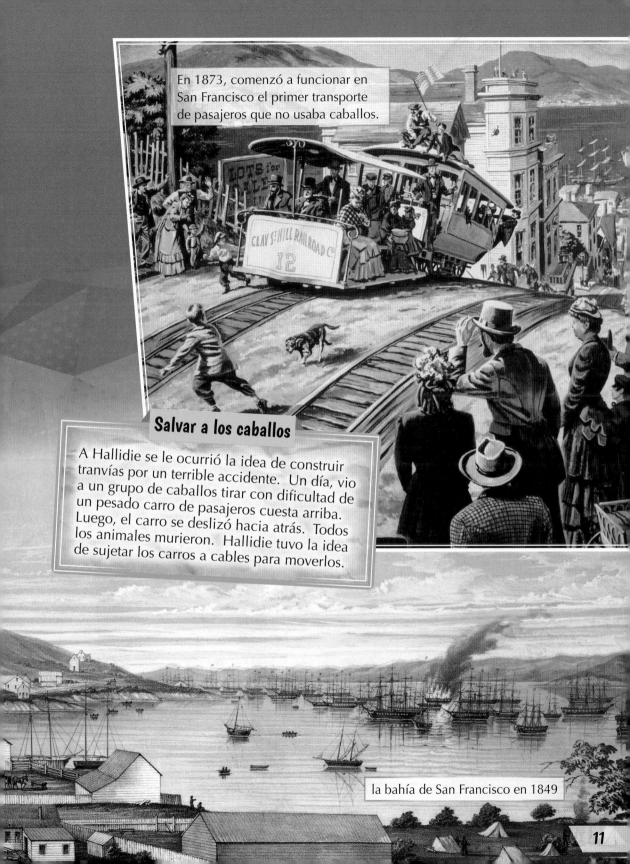

En 1873, comenzó a funcionar en San Francisco el primer transporte de pasajeros que no usaba caballos.

Salvar a los caballos

A Hallidie se le ocurrió la idea de construir tranvías por un terrible accidente. Un día, vio a un grupo de caballos tirar con dificultad de un pesado carro de pasajeros cuesta arriba. Luego, el carro se deslizó hacia atrás. Todos los animales murieron. Hallidie tuvo la idea de sujetar los carros a cables para moverlos.

la bahía de San Francisco en 1849

Cuando el siglo llegaba a su fin, San Francisco seguía floreciendo. Las líneas de ferrocarriles unían la ciudad con el resto del estado. Luego, en 1869, se terminó un enorme proyecto. El ferrocarril transcontinental cambió el estado. San Francisco vio los efectos de ese avance al instante. Las mercancías que provenían del Este llegaban mucho más fácilmente a la ciudad. Y los productos de la ciudad ahora se podían enviar al resto del país.

Los ferrocarriles también sirvieron para que crecieran nuevas empresas. Domingo Ghirardelli les vendía sus dulces a los mineros del oro. A las personas de la ciudad les encantaban sus chocolates. Después de la llegada del ferrocarril, Ghirardelli empezó a enviar sus productos a todo el país. Levi Strauss fabricó su primer par de pantalones vaqueros unos años después de que empezara la fiebre del oro. Tuvo la idea cuando vio que a los mineros se les rompían los pantalones en el trabajo.

Quienes prosperaban eran buenos resolviendo las necesidades de las personas. Lo mismo puede decirse de los habitantes de San Francisco hoy en día.

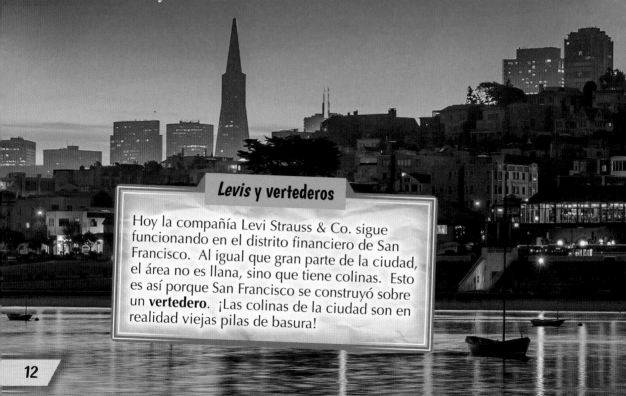

Levis y vertederos

Hoy la compañía Levi Strauss & Co. sigue funcionando en el distrito financiero de San Francisco. Al igual que gran parte de la ciudad, el área no es llana, sino que tiene colinas. Esto es así porque San Francisco se construyó sobre un **vertedero**. ¡Las colinas de la ciudad son en realidad viejas pilas de basura!

La sal, por favor

El área de la bahía de San Francisco tiene muchas salinas, o lagunas de agua salada. Durante miles de años, los indígenas extrajeron sal del agua. La usaban para cocinar y comerciar. A fines del siglo XIX, la sal ya era un enorme negocio en California. Hoy en día, las coloridas salinas se pueden ver desde los aviones que vuelan sobre la bahía.

Economía

Ghirardelli

plaza Ghirardelli

Nacida del oro

Sacramento surgió de la fiebre del oro. Llegaron multitudes a la región después de que se descubrió oro en el aserradero de John Sutter, conocido como Sutter's Mill. El aserradero estaba ubicado en la **confluencia** de dos ríos, aproximadamente a 50 millas (80 kilómetros) al este de Sacramento. Los mineros buscaban oro en los ríos. Los ríos también permitían el transporte en embarcaciones. Los mineros necesitaban suministros. Se abrieron tiendas que vendían palas, cribas y ropa para los mineros. La ciudad creció y se convirtió en un centro de comercio. Eso atrajo a más personas.

La fiebre del oro hizo que muchas ciudades crecieran rápidamente. Es lo que sucedió con Sacramento. En 1854, Sacramento fue nombrada capital del estado.

Unos años después, la ciudad fue la terminal de la mitad oeste del ferrocarril transcontinental. Cuando el ferrocarril se terminó de construir, llevó a más personas al Oeste. La nueva línea también sirvió para que los agricultores enviaran alimentos al resto del país.

Sacramento en 1878

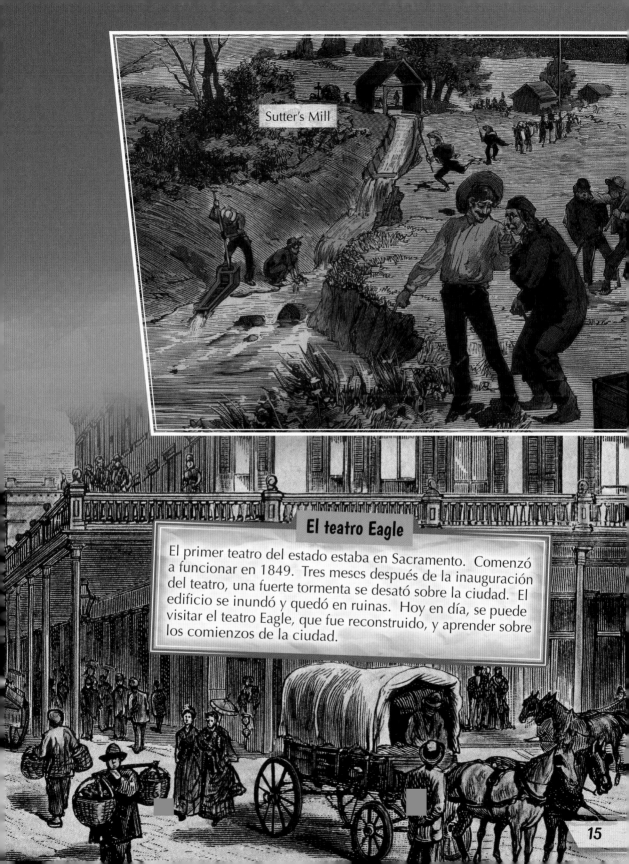

Sutter's Mill

El teatro Eagle

El primer teatro del estado estaba en Sacramento. Comenzó a funcionar en 1849. Tres meses después de la inauguración del teatro, una fuerte tormenta se desató sobre la ciudad. El edificio se inundó y quedó en ruinas. Hoy en día, se puede visitar el teatro Eagle, que fue reconstruido, y aprender sobre los comienzos de la ciudad.

Sacramento en la actualidad

Tras la fiebre del oro, la agricultura se convirtió en una de las **industrias** más grandes del estado. Los trenes atravesaban el Medio Oeste llevando las cosechas de California. Los habitantes del resto del país estaban asombrados por lo que veían. No podían creer que un mismo lugar pudiera ofrecer tanta **diversidad** de cultivos. En menos de cinco años, tres de los cuatros cultivos que se enviaban a la Costa Este provenían del valle de Sacramento.

En 1867, se inventaron los vagones refrigerados. Eso abrió nuevos mercados para los agricultores. Ahora se podían transportar aún más cultivos del Oeste hacia el Este, ya que no se ponían en mal estado en el camino. El clima templado y el suelo rico de Sacramento atraían a los agricultores de otros estados.

La primera década del siglo XX fue testigo de otra migración **masiva** hacia Sacramento. Ya no era más un pequeño pueblo de mineros. Ahora era una ciudad enorme, y cumplió un papel fundamental en el crecimiento del estado.

edición del periódico *Sacramento Daily Union* de enero de 1866

Twain en el Oeste

Mark Twain empezó a trabajar para el *Sacramento Daily Union* en 1866. Era un periódico de Sacramento. El trabajo de Twain era escribir sobre la vida en las islas Sándwich (ahora Hawái). Sus artículos tuvieron mucho éxito. Y gracias a ellos, comenzó su exitosa carrera como escritor. Twain publicó *Las aventuras de Tom Sawyer* 10 años más tarde.

Agua bajo el puente

Como se ubica entre dos ríos, Sacramento sufrió muchas inundaciones en sus comienzos. Las inundaciones de 1850 y 1862 destruyeron gran parte de la ciudad. Los residentes usaron carretas para llevar pilas de tierra. Elevaron el nivel de las calles 15 pies (4 metros). Hoy en día, todavía puede verse la calle original en la parte antigua de la ciudad, debajo del paseo que bordea la costa.

Geografía

Sacramento después de la inundación de 1850

En busca de Fresno

Fresno no tiene una historia tan larga como San Francisco. Los primeros colonos llegaron no antes de la década de 1860. El lugar siguió siendo un pueblo pequeño hasta la llegada del ferrocarril. Después de eso, llegaron más personas para trabajar la tierra.

Antes de que se construyera el ferrocarril allí, nadie pensaba que el lugar pudiera ofrecer algo. A la distancia, la tierra parecía completamente seca. En realidad, el suelo era **fértil**. Pero era difícil conseguir agua. Un hombre llamado Moses Church encontró una forma de llevar agua a los campos. Sus **canales** empezaron a transportar agua de los ríos de la región. El agua le dio vida a la tierra y, en poco tiempo, el valle floreció. El trigo se convirtió en uno de los cultivos más importantes de Fresno.

Aunque el comercio del trigo tuvo mucho éxito, los primeros intentos de crear una comunidad agrícola en Fresno fracasaron. Church había resuelto muchos problemas, pero no toda la tierra tenía agua. También era difícil correr la voz de que había tierras disponibles.

De la estación de Fresno a la ciudad de Fresno

En 1872, la compañía ferroviaria Central Pacific construyó un nuevo ferrocarril en el valle de San Joaquín. Una de las paradas era la estación Fresno. Poco tiempo después, los comerciantes siguieron al ferrocarril y se quedaron en la ciudad. También llegaron más agricultores para trabajar. A fines del siglo, la ciudad ya tenía 12,470 habitantes.

Economía

Pasajeros esperan un tren en Fresno a principios del siglo xx.

Por qué Fresno se llama así

El fresno es un árbol de tronco grueso y corteza de un color parecido al de la ceniza. Cuando los exploradores españoles navegaban por el río San Joaquín, vieron una larga hilera de fresnos blancos. Los marineros no se detuvieron a investigar la zona porque creyeron que había estado abandonada por mucho tiempo. Incluso durante la fiebre del oro, los mineros pasaban por esta zona sin detenerse.

En esta zona se cultivan muchas de las frutas del estado, como las naranjas.

Los agricultores de Fresno sabían que el agua era la clave para el éxito del pueblo. Una vez más pidieron ayuda a Moses Church. Church había fundado una compañía que vendía agua a los agricultores. Los habitantes de Fresno juntaron dinero. Le compraron a Church los derechos del agua para sus tierras. Eso garantizaba que cualquiera que comprara tierras en Fresno tendría agua para cultivarlas.

Para crecer, Fresno necesitaba más habitantes. Los agricultores hicieron publicidad en el Este para vender tierras. Hasta publicaron anuncios sobre las tierras de Fresno en Europa y Australia.

El éxito de Fresno contribuyó al crecimiento del valle. A medida que se construían más ferrocarriles, los agricultores enviaban sus cosechas al resto del país. Hoy en día, los cultivos de Fresno se envían a todo el mundo.

Uva pasa por error

Las pasas son uvas secas. Francis Eisen cultivaba uvas en sus propiedades de Fresno. Un año, muchas de sus uvas se secaron en la vid. Eisen envió las pasas a San Francisco, donde las vendió como una **"exquisitez** peruana". En la actualidad, el condado de Fresno es conocido como la "capital mundial de la uva pasa".

En esta fotografía de 1901, se muestra una granja de Fresno con bandejas donde se secan las uvas.

El objetivo de este anuncio comercial era atraer personas a California.

Mujeres que inspiran

Minnie Austin, Lucy Hatch, E. A. Cleveland y Julia Short eran maestras. En 1878, juntaron dinero para comprar cinco **parcelas** de tierra en Fresno. Cultivaron uvas, y sus tierras, conocidas como Hedgerow Vineyard, fueron muy prósperas.

Economía

Ciudad de ángeles

Los Ángeles fue el nombre que los españoles le dieron a la ciudad. En inglés, a veces se usa el nombre "City of Angels" para referirse a la ciudad. Los Ángeles no tuvo un crecimiento rápido durante la fiebre del oro. Más bien fue creciendo lentamente hasta la llegada de un nuevo ferrocarril en 1880. Luego, se desató una guerra de precios entre las compañías ferroviarias. Los viajeros podían ir del Medio Oeste a Los Ángeles por apenas $1. Y así lo hicieron.

Los que vendían tierras en Los Ángeles pensaron en nuevas maneras de atraer residentes. Publicaron anuncios en revistas de todo el país. Escribían sobre el clima cálido, la tierra fértil y los sitios turísticos de la región. Los Ángeles parecía el lugar ideal para comenzar una nueva vida. Y lo era.

Un hombre llamado Edward Doheny descubrió petróleo en la ciudad en 1892. Eso dio comienzo al primer auge del petróleo en el estado, y la ciudad creció muy rápidamente. Doheny se hizo rico vendiendo petróleo a industrias locales. En poco tiempo, se descubrió petróleo en todo Los Ángeles. A medida que se descubrían nuevos usos para el petróleo, la ciudad seguía creciendo.

Todas las noticias

El primer ejemplar de *Los Angeles Daily Times* se publicó en 1881. Pero, en un año, los fundadores del periódico se habían quedado casi sin dinero. Contrataron a un hombre llamado Harrison Gray Otis. Él logró que el periódico tuviera un éxito enorme. Hoy la publicación se llama *Los Angeles Times*.

Naranjas para todos

Las naranjas eran poco comunes y costosas en casi todo el país. Crecían bien en el sur de California. Pero se pudrían antes de llegar a otras ciudades. Los vagones refrigerados solucionaron el problema. El primer vagón refrigerado con naranjas frías partió de Los Ángeles en 1886. Hoy en día, las naranjas son la cuarta fruta más popular del mundo.

Economía

Los naranjales y los campos de petróleo se podían ver juntos cerca de Los Ángeles.

A medida que más personas llegaban a Los Ángeles, la ciudad se expandía. En el año 1900, una de cada ocho personas del estado vivía en el condado de Los Ángeles. Pero tanto crecimiento agotaba los recursos locales. Pronto, obtener agua dulce fue un problema. Cuando una sequía grave azotó la ciudad, los residentes decidieron hacer algo al respecto.

En 1905 empezaron los planes para construir un **acueducto**. El acueducto llevó agua a la ciudad desde el río Owens, que estaba 200 millas (322 kilómetros) al norte. El acueducto tardó ocho años en construirse. Cuando se terminó de construir, Los Ángeles empezó a recibir cuatro veces más agua de la que necesitaba. Con la crisis del agua resuelta, más gente se mudó a la ciudad.

Los Ángeles siguió creciendo. Hoy es una ciudad enorme. En Estados Unidos, solamente la ciudad de Nueva York tiene más habitantes. Los Ángeles es el hogar de más de cuatro millones de personas.

Los Ángeles en la actualidad

Rumbo al Oeste

La Segunda Guerra Mundial terminó en 1945. Después de la guerra, grandes cantidades de personas llegaron a Los Ángeles. El número de afroamericanos en la ciudad se disparó en esa época. Antes de la guerra, cuatro de cada 100 habitantes de la ciudad eran afroamericanos. En el año 1970, ese número había aumentado a aproximadamente 25 de cada 100.

Ciudad o condado

Los condados se componen de grupos de ciudades. California tiene 58 condados. El condado de Alpine es el más pequeño de California. Allí viven menos de 2,000 personas. El condado de Los Ángeles es el más grande del estado. También es el más grande de todo el país. ¡Tiene más de 10 millones de habitantes!

Civismo

Los Ángeles en 1910

Una geografía dorada

La geografía influye en el modo de vida. Es una de las razones por las que las personas se mudan a un lugar. Muchas personas se sintieron atraídas por California. Una vez allí, escogían dónde vivir según lo que querían hacer. Los agricultores se mudaban a los valles. Los mineros vivían en las montañas.

El establecimiento de las grandes ciudades dependía de dónde estaban ubicadas. San Francisco se formó al lado de la bahía, donde llegaba gente de todo el mundo en barco. Sacramento y Fresno tienen una tierra rica, muy buena para el cultivo. Cuando el primer ferrocarril llegó a Los Ángeles, todos iban a ver qué tenía para ofrecer la parte sur del estado. La geografía dio forma al estado. Y hoy en día sigue teniendo un gran efecto en los habitantes.

California al estilo de Disney

En 2001, se abrió un nuevo parque temático. Desde su inicio, el Disney California Adventure Park celebró la historia y la cultura del estado. Tiene un juego acuático que imita una excursión de *rafting* por la Sierra Nevada. Hay tranvías rojos en una zona del parque, como los que se usaban en Los Ángeles en la década de 1920. Con los años, las atracciones y los temas han ido cambiando. Pero el espíritu de California sigue presente en todo el parque.

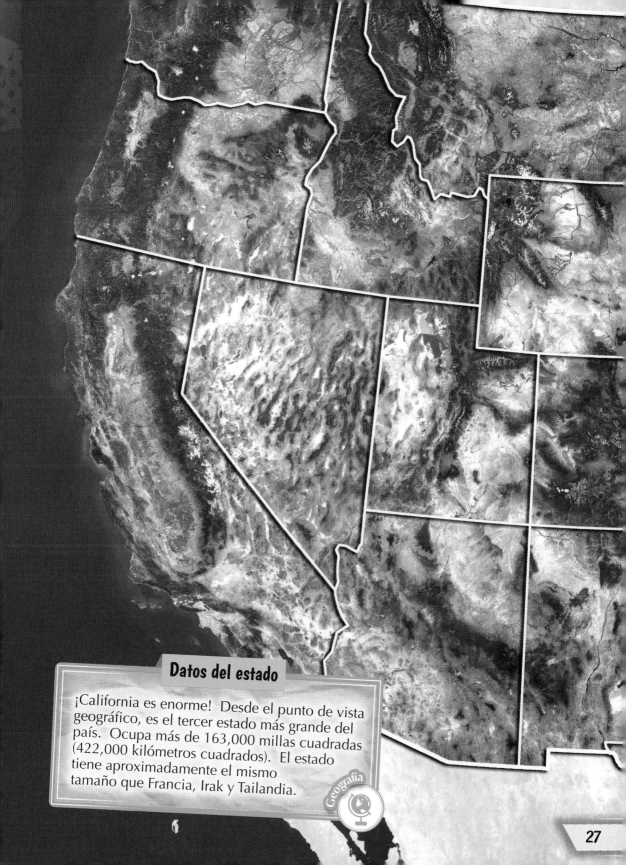

Datos del estado

¡California es enorme! Desde el punto de vista geográfico, es el tercer estado más grande del país. Ocupa más de 163,000 millas cuadradas (422,000 kilómetros cuadrados). El estado tiene aproximadamente el mismo tamaño que Francia, Irak y Tailandia.

Geografía

¡Descríbelo!

Muchos valientes llegaron a California en sus primeros años. Vinieron de todas partes del país y del mundo. Dejaron atrás a su familia y a sus amigos. Los colonos abandonaron su antigua vida sin saber cómo sería la nueva. Los viajes a veces eran difíciles y peligrosos. La mayoría no sabía con qué se encontraría al llegar. Pero vino de todos modos.

Imagina que eres un colono en los primeros años de California. ¿En qué ciudad te establecerías: San Francisco, Sacramento, Fresno o Los Ángeles? Escribe una carta a tu familia, que se quedó en tu país de origen, para contarles tu aventura. Describe cómo es un día de tu nueva vida y por qué decidiste mudarte a esa ciudad.

Glosario

acueducto: un canal hecho por el ser humano que lleva agua de un lugar a otro

agitación social: una situación en la que muchas personas de un estado o un país hacen cosas para mostrar su desacuerdo

agrícola: relacionado con la agricultura

canales: pasajes que se excavan en la tierra para transportar agua, bienes y personas

condiciones: la situación especial en que se encuentra alguien o algo

confluencia: el punto donde se unen dos cosas, por ejemplo, masas de agua

costumbres: conductas o acciones tradicionales de un grupo de personas

diversidad: una gran cantidad de cosas diferentes

exquisitez: una comida que a muchos les gusta porque es poco común o especial

fértil: capaz de sustentar el crecimiento de muchas plantas

geografía: las características naturales de un lugar, como los ríos y las montañas

hambruna: una situación en la que muchas personas pasan hambre

ideal: que es excelente y perfecto para una situación, un propósito o una persona en particular

industrias: grupos de empresas que trabajan en conjunto para brindar determinados productos o servicios

inmigrantes: personas que llegan a un país para quedarse a vivir allí

interior: lejos de la costa

masiva: que se produce en gran cantidad

migraron: se trasladaron de un país o lugar a otro

multitudes: grandes cantidades de personas

parcelas: porciones de terreno

puertos: lugares en la costa o en las orillas de un río que sirven de protección para las embarcaciones

vertedero: un lugar donde se vierte y se entierra la basura

Índice

Alemania, 6

Austin, Minnie, 21

aventuras de Tom Sawyer, Las, 17

barrio alemán, 8

barrio chino, 8–9

barrio irlandés, 8

Central Pacific, compañía ferroviaria, 18

Cleveland, E. A., 21

China, 6, 9

Church, Moses, 18, 20

Doheny, Edward, 22

ferrocarril transcontinental, 8, 12, 14

fiebre del oro, 4, 6–8, 12, 14, 16, 19, 22

Frémont, John C., 10

Fresno, 8, 18–21, 26, 28

Ghirardelli, Domingo, 12

Golden Gate, estrecho, 10

Gran Hambruna de Irlanda, 6–7

Hallidie, Andrew, 10–11

Hatch, Lucy, 21

indígenas, 13

Irlanda, 6–7

Los Ángeles, 8, 22–26, 28

Los Angeles Daily Times, 22

Los Angeles Times, 22

monte Lassen, 5

monte Shasta, 5

Otis, Harrison Gray, 22

Sacramento, 4, 8, 14–17, 26, 28

Sacramento Daily Union, 17

San Andrés, falla, 5

San Francisco, 7–13, 18, 20, 26, 28

San Francisco, bahía, 4, 10, 13

Segunda Guerra Mundial, 24

Short, Julia, 21

Strauss, Levi, 12

Sutter, John, 14–15

teatro Eagle, 15

Twain, Mark, 17

Valle Central, 4, 8

Lugar para millones de inmigrantes

43,795,000 acres de tierras del gobierno disponibles

Ferrocarriles y tierras privadas para un millón de agricultores

Un clima apropiado para la salud y el dinero: sin ciclones ni ventiscas

Carteles publicitarios

Este cartel fue publicado alrededor de 1870 por la compañía Rand McNally & Co. Se describe California como la "cornucopia del mundo". Una *cornucopia* es un recipiente lleno de flores y frutas. Piensa en por qué el creador del cartel pudo haberse referido a California de esa manera.

Mira el resto de la información del cartel. ¿Qué más podría incluirse que serviría para atraer a nuevos habitantes a California? Diseña un nuevo cartel para mostrar a las personas que viven lejos cuáles son los beneficios de vivir en California.